Margarete Schore[...]

Weihnachts Sterne aus Bändern, Folien und Papier

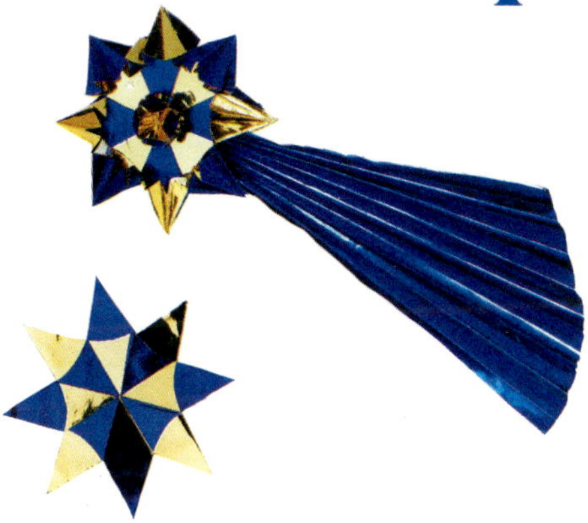

FALKEN

Zum Thema „Advent und Weihnachten" sind bei FALKEN zahlreiche weitere Bastelbücher erschienen. Fragen Sie im Buchhandel oder Bastelgeschäft nach den Hobbybüchern!

Von derselben Autorin sind bei FALKEN außerdem erschienen:
„Dekorative Schleifen aus Bändern und Papier" (Nr. 5205)
„Fensterbilder für Advent und Weihnachten" (Nr. 5211)

Die Deutsche Bibliothek – CIP-Einheitsaufnahme

Weihnachtssterne aus Bändern, Folien und Papier / Margarete Schorege. – Niedernhausen/Ts. : FALKEN, 1991
(Schönes Hobby)
ISBN 3-8068-5231-6

ISBN 3 8068 5231 6

Titelbild: Michael Zorn, Wiesbaden
Fotos: Michael Zorn, Wiesbaden
Zeichnungen: Ulrike Hoffmann, Bodenheim
Reinzeichnung des Vorlagebogens: Ulrike Hoffmann, Bodenheim

Satz: Dinges & Frick GmbH, Wiesbaden
Druck und Bindung: Ludwig Auer GmbH, Donauwörth

817 2635 4453 6271

INHALT

Ob dekorative Elementarsterne, plastische Kugelsterne und Sternkugeln, bizarre Kristalle und Arabesken, zauberhafte Blütensterne oder glänzende Himmelssterne, in diesem Band strahlen sie für jeden Geschmack

KLEINE STERNENKUNDE

Weißt du wieviel Sternlein stehen an dem blauen Himmelszelt? – Millionen über Millionen Sterne wurden bisher mit Teleskopen im unendlichen All ausgemacht! Aber nicht erst heute, sondern schon immer haben der Himmel und seine Gestirne den Menschen fasziniert. Es war ein in alle Himmelsrichtungen leuchtender Stern, der die drei Weisen aus dem Morgenland zur Krippe geleitet hat, und ihnen selbst war der Blick zu den Gestirnen nicht fremd, denn sie waren Sterndeuter. Vom Morgenstern, der um so heller leuchtet, je dunkler die Nacht der Menschen ist, sagt man, er bescheine nicht nur ihr Äußeres, sondern auch ihre Not und Angst. So haben Sterne nicht nur als Lichtzeichen am Firmament ihre Bedeutung, sie haben auch symbolischen Charakter, wie zum Beispiel das Bild des Leitsterns am persönlichen Lebenshimmel.

Es ist zur Tradition geworden, zur Weihnachtszeit die Wohnung mit Sternen zu schmücken. Es gibt klassische Sternarten, deren Gestaltungsweise von Generation zu Generation weitergegeben wird. Die beiden bekanntesten von ihnen, der Fröbelstern und der Herrnhuter Weihnachtsstern, sollen an dieser Stelle in Erinnerung gebracht werden. Darüber hinaus ist es aber sehr reizvoll, auch neue und ungewöhnliche Sternmodelle zu entwickeln. So werden in dem vorliegenden Büchlein aus der bunten Vielfalt angebotener Geschenkpapiere, kombiniert mit Bastelfolien, Perlen und Bändern, interessante Neuheiten kreiert. Ihre attraktiven Farbkontraste sollen die Bastlerin und den Bastler dazu anregen, auch eigene Ideen und Kombinationsmöglichkeiten auszuprobieren. Die einzelnen Papiere lassen sich mühelos aufeinanderkleben, so daß auch eine zweiseitige Verwendung der Sterne möglich ist. Hier finden Sie für jeden Geschmack, für große oder kleine Geldbeutel sowie für die geübte wie auch für die ungeübte Hand Anregungen und Vorschläge.

Nun noch ein paar grundsätzliche Gedanken:
Bevor Sie mit der Gestaltung der Sterne beginnen, sollten Sie neben einer Auswahl an verschiedenen Papieren, Folien, Perlen oder Bändern folgende Hilfsmittel zur Hand haben: Scheren aller Art (für Kinder eine ungefährliche Kinderschere), ein Lineal, einen weichen Bleistift, einen Radiergummi und einen Anspitzer, eventuell einen Zirkel und ein Geometriedreieck, ein Papiermesser, ferner Nadel und Faden, Pritt Alleskleber (Pritt Stift), Blumendraht und nicht zuletzt eine Zange.

Auf dem Vorlagebogen finden Sie die Grundformen und Vorlagen für die Sterne. Sie können sie mit Kohlepapier oder mit dünnem Schreib- oder Transparentpapier abpausen (zum besseren Halt immer mit Büroklammern fixieren). Geübtere können die Vorlage anhand der Hilfslinien mit dem Zirkel und dem Geometriedreieck auf das Material übertragen.
Ihre Sterne finden eine dekorative Verwendung als Schmuck für die Wand, an Fenstern und Türen. Man kann sie auf einer Karte, als Tischschmuck, Mobile, als Sternenkette, oder in Sträußen und Gestecken aller Art arrangieren. Vor allem aber sind Sterne als Christbaumschmuck unverzichtbar, besonders an der Christbaumspitze.

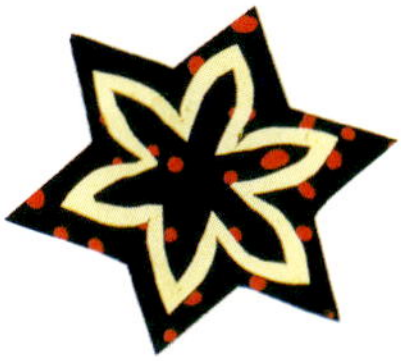

Wenn Sie die Sterne aufhängen wollen, fügen Sie jeweils einen farblich passenden Seidenfaden beim Kleben hinzu, oder ziehen Sie den Faden durch eine der Sternspitzen. Sie können die Sterne aber auch andrahten. Je nach Sternform wird der Draht zur Schlinge, Schnecke oder Schlange gelegt (siehe Vorlagebogen) und von beiden Seiten mit etwas am Rand überstehenden Papierteilen beklebt, um ihn später im Stern befestigen zu können. Plastische, hohle Sterne sollten innen durch eine waagerechte Drahtform stabilisiert werden.

Für eine Christbaumspitze fertigen Sie zuerst eine Spirale aus festem Blumendraht. Nachdem Sie das Drahtende (etwa 50–90 cm) locker um einen passenden Stab oder Stiel gewickelt haben, streifen Sie es ab und biegen das spitze Ende um. Schneiden Sie den Draht in der für die spezielle Drahtform ihres Sterns benötigten Länge ab. Und nun zur Praxis!

ELEMENTARSTERNE

Aller Anfang muß nicht unbedingt schwer sein – das nebenstehende Foto zeigt viele Möglichkeiten, wie man mit einfachen Techniken schöne Sterne basteln kann. Auf dem Vorlagebogen finden Sie die unterschiedlichen Mustergrundformen für Sechs- und Achtzackensterne, die im folgenden variiert werden.

* Die einfachste Sternvariante: Schneiden Sie eine Sterngrundform aus jeweils zwei verschiedenfarbigen, aufeinandergeklebten Papieren (Pritt Stift) aus. Kleinere Kinder können die Konturen auch mit der Prickelnadel nachprickeln.

* Sternenkette: Viele kleine gleich große, aber auch unterschiedlich große Sterne können Sie zu einer Sternenkette arrangieren. Kleben Sie zwei Papierteile mit Pritt Alleskleber nur zur Hälfte aufeinander. Schneiden Sie daraus die Sternform nach einer Schablone aus, legen Sie einen Seidenfaden zwischen die Teile und kleben Sie die andere Hälfte an.

* Stern im Stern: Geben Sie Ihrem schlichten Stern ein neues Gesicht als Stern im Stern oder Stern mit Ornament. Entwerfen Sie neue Muster nach ihren eigenen Vorstellungen.

* Filigraner Stern: Ein filigraner Stern wird nur als Sternrahmen oder -streifen geschnitten. Mehrere Streifen (auch in verschiedenen Farben) versetzt aufeinander geklebt (Pritt Alleskleber) ergeben ein neues Bild.

* Seerosenstern: Schneiden Sie einen Achtzackenstern mit farblich stark kontrastierenden Seiten zu. Klappen Sie alle Strahlen zur Mitte – und schon wirkt ihr Stern plastisch wie eine Seerose. Sie können auch zwei gleiche Sterne mit dem Rücken aufeinanderkleben. Ein flacher Stern in gleicher Größe dazwischen sieht sehr dekorativ aus. Wenn der Stern noch plastischer erscheinen soll, knicken Sie ihn von Strahlengrund zu Strahlengrund zur Unterseite.

* Sternmuschel: Wenn Sie einen Stern wie die Seerose zur Oberseite und von Spitze zu Spitze zur Unterseite falten, entsteht eine Muschelform.

* Stern mit Rahmen: Schneiden Sie zwei Sterne gleichzeitig aus (Papieroberseiten aufeinander klammern). Markieren Sie die gleiche Stelle auf beiden Rückseiten. Kleben Sie einen Stern auf zweiseitiges Kontrastpapier, und schneiden Sie parallel zu den Sternzacken den Rahmen. Kleben Sie danach den zweiten Stern auf die Rückseite und beachten Sie dabei die Markierung!

Die Elementarsterne sind ganz einfach nachzuarbeiten und wirken dekorativ, als Einzelstern oder kombiniert mit anderen

STERNKUGELN

Tip: Jeden einzelnen Stern können Sie mit einem Rahmen schmücken

Die bereits bekannte Sternform stellt sich hier in neuen Versionen vor, diesmal als Kombinationen von Sternen in Kugelformen.

* Kugelstern: Schneiden Sie nach einer Sterngrundform aus zweiseitig farbigem Papier drei oder vier gleiche Sechs- oder Achtzackensterne aus. Falten Sie jede Sterngrundform in der Mitte, so daß die Zacken beider Sternhälften kongruent aufeinander liegen. Schneiden Sie aus jedem einzelnen Stern die Mitte kreisförmig heraus, und kleben Sie alle Teile mit einem Faden zum Aufhängen an den Faltkanten aneinander (Pritt Alleskleber). Um den Stern zu stabilisieren, können Sie jeweils an der oberen und der unteren Kante zwischen zwei Sternteile eine Perle fädeln.

* Sternkugel: Für die Sternkugel werden sechs gleiche Achtzackensterne durch Knicke geviertelt, entweder von Spitze zu Spitze oder von Strahlengrund zu Strahlengrund. Die einzelnen Viertel falten Sie in der Mitte noch einmal zur Gegenseite. Schieben Sie alle Knicke der sechs Teile in ihre vorgefaltete Lage, und kleben Sie vier Sterne an ihren Bruchkanten zu einem plastischen Kreis zusammen (Pritt Alleskleber). Oben und unten rundet ein weiterer gefalteter Stern, der mit seinen Faltkanten an die Klebestellen der anderen Sterne gefügt wird, die Kugel ab. Eine einfache Kugel erhalten Sie, wenn Sie anstelle der Achtzackensterne sechs gleiche Kreise nehmen.

Kugelstern

Drei oder vier gleiche Sterne zur Hälfte falten und die Sterne an den Faltkanten aneinanderkleben

Sternkugel

Sterne in Viertel, jedes Viertel in der Mitte gegenfalten, vier gleiche Teile an den Faltkanten aneinanderkleben

Eine größere Sternkugel kann auch als Spitze einen Christbaum zieren, wenn Sie anstelle eines Fadens Draht einarbeiten

SKULPTURSTERNE

Die bereits vertraute Sterngrundform können Sie auch in sehr plastische Skulptursterne verwandeln. Klammern Sie zwei gleiche, einseitig farbige Papierstücke mit den Oberseiten aneinander. Pausen Sie auf eine Seite eine Sechs- oder eine Achteckensterngrundform vom Vorlagebogen ab. Schneiden Sie die Eckenform aus; sie wird dann in der Mitte jeder Seite bis zum Strahlengrund eingeschnitten. Knicken Sie die eingeschnittenen Ecken jeweils bis zur Strahlenspitze (Sternform) als Klebelaschen um. Bevor Sie die Sternhälften voneinander lösen, markieren Sie jeweils auf den Rückseiten die gleiche Stelle. Falten Sie nun beide Sternhälften getrennt wie folgt: alle Knicke von Spitze zu Spitze zur Papieroberseite, alle Knicke von Strahlengrund zu Strahlengrund zur Papierunterseite. Die Klebeflächen müssen auf der Unterseite der Sternhälften liegen.
Schieben Sie die zwei Klebelaschen jedes Sternenstrahls übereinander, beim Achtzackenstern etwa um die Hälfte, beim Sechszackenstern etwa um ein Viertel der Fläche. Kleben Sie sie nur aneinander fest. Dabei fallen alle Knicke in ihre vorgefaltete Lage, und die Sternhälfte wird plastisch. Die Unterseite des Halbsterns muß dabei ganz flach werden, damit Sie beide Sternteile gegeneinander kleben können (Markierung beachten). Das Band zum Aufhängen oder für die Sternenkette wird dabei eingefügt (Pritt Alleskleber).

1. Klebelaschen umknicken und zusammenkleben

2. Sternhälften mit Band genau aufeinanderkleben

Ein schlichtes Sternmodell wirkt plastisch besonders reizvoll

* Kerzenmanschette: Für eine Kerzenmanschette formen Sie einen plastischen Halbstern wie eben aus zweiseitig verschiedenfarbigem Papier. Auf den Knicken zur Sichtseite wird seine Mitte so weit eingeschnitten, daß eine Kerze hindurchpaßt. Klappen Sie die Mitte wie Sternzacken nach außen. Ein kleinerer, zweiseitig farbiger Grundstern wird wie zuvor geknickt, in der Mitte aufgeschnitten und ausgeklappt. Er wird unter die ausgeklappten Zacken des Halbsterns geschoben und leicht versetzt angeklebt. Soll Ihr Halbstern als Boden einen Kontrastrand bekommen, muß die Mitte des Materials herausgeschnitten werden, damit die Manschette über die Kerze und ihren Ständer gestülpt werden kann. Stimmen Sie die Farbe der Kerze möglichst auf die der Manschette ab.

Tip: Dieser Stern läßt sich auch mit einer Überraschung füllen!

KRISTALLE UND ARABESKEN

Gerade dann, wenn es draußen kühler wird, sind diese Sterne eine passende Dekoration, die sich auch gut zum Schmücken des Fensters eignet.

* Schneeflocken: Für die Schneeflocken finden Sie unterschiedliche Muster auf dem Vorlagebogen, die sehr bizarr anmuten. Wählen Sie farblich passendes Papier (weiß oder Pastelltöne), das Sie mit gleichen Sorten oder auch glänzenden Folien auf der Rückseite kombinieren können, damit Ihre Schneeflocken glitzern. Schneiden Sie zwei gleiche Muster aus. Damit sich die Mitte auch plastisch voneinander abhebt, sollten beide Sternhälften an den gestrichelten Linien zur Oberseite hin geknickt werden. Wenn Sie die markierten Zacken der Variante B einschneiden und dann an der gestrichelten Linie nach oben biegen, wirken sie noch schöner. Kleben Sie die Schneeflocken an den Zackenspitzen oder an den nach innen umgeknickten Klebelaschen zusammen, so daß beide Hälften, wie miteinander ausgeschnitten, kongruent aufeinander liegen (Pritt Alleskleber).

* Sternkristalle: Die Sternkristalle werden ebenso wie die Schneeflocken angefertigt. Wählen Sie hier jedoch Material, das wie Kristall glitzert. Sie können beide Sternarten auch mit einem Kontrastrand verzieren (siehe Seite 6/7).

* Sternarabesken: Auf dem Vorlagebogen finden Sie einige Muster für Arabesken zum Abpausen und Ausschneiden. Sie können Ihre Arabeske aber auch im Faltschnitt anfertigen, indem Sie einseitig farbiges Papier erst zur Hälfte, danach zu einem Viertel falten, das Muster auflegen und ausschneiden. Allerdings lassen sich dabei auf der Oberfläche Knickstellen nicht vermeiden. Kleben Sie den Stern auf farblich kontrastierenden Untergrund oder Transparentpapier für das Fenster. Für das Schmücken der Wand oder Tür stabilisieren Sie die Arabeske mit Karton.

Sternkristalle sind ein bizarrer Winterschmuck, die filigranen Arabesken eignen sich besonders für festliche Dekorationen

BLÜTENSTERNE

CHRISTROSE

Für die Christrose werden zwei Blütenkränze aus zweiseitig farbigem Papier vom Vorlagebogen abgepaust und ausgeschnitten. Ein schmaler Kontrastrand kann zusätzlich dekorative Akzente setzen (siehe Seite 6/7). Die beiden dreiblättrigen Kränze werden nur in der Mitte versetzt aufeinandergeklebt (Pritt Alleskleber). Durch zwei unterschiedlich große Papierkreise in verschiedenen Farben wird die Mitte der Sternblüte betont. Schneiden Sie die Kreise rundum sehr feinfransig ein. Zum Schluß sollte noch ein Papierpunkt die Mitte zieren. Auf die Rückseite der fertigen Christrose können Sie noch eine gleiche Sternblume kleben – so wird die Gesamtwirkung noch schöner!

Die Christrose eignet sich ebenso gut als Tannenschmuck wie auch für ein Gesteck, oder als Dekoration für die Wand und das Fenster

WEIHNACHTS-STERN

Der Weihnachtsstern läßt sich nach den Mustern auf dem Vorlagebogen leicht nachgestalten. Welche Papiere und Farben Sie wählen, bleibt Ihrem individuellen Geschmack überlassen. Auch hier kann ein schmaler Kontrastrand den Stern schmücken (siehe Seite 6/7). Wenn Sie die drei unterschiedlich großen Blütenkränze abgepaust und ausgeschnitten haben, knicken Sie sie jeweils von einer Spitze zur gegenüberliegenden Spitze zur Rückseite hin. Danach werden sie nur in der Mitte versetzt aufeinander geklebt (Pritt Alleskleber). Für das Blüteninnere sollten Sie eine kontrastierende Farbe wählen. Vor dem Aufkleben werden sechs Perlen zwischen den Blättern am Blattansatz aufgenäht, der Faden verläuft unterhalb der Blätter. Beginnen Sie das Fädeln mit einem Einstich von unten an einem linken Blattrand. So können Sie den Faden zum Schluß auf der Blattunterseite verknoten und ankleben.

Der Faden verläuft unterhalb der Blätter

Der Weihnachtsstern gibt jedem Strauß eine schmückende Note. Auch am Christbaum findet er eine dekorative Verwendung

KAMELIEN-STERNE

Aus acht gleich großen Quadraten und einem Perlenkranz entsteht ein Blumenstern, der an eine Kamelie erinnert. Sie können ihn nach Wunsch aus zweiseitig farbigem Papier oder Folie gestalten.
Pausen Sie das Quadratmuster vom Vorlagebogen achtmal, den Klebekreis einmal ab, und schneiden Sie sie aus. Teilen Sie dann den Streifen entlang der angegebenen Linien in acht Quadrate. An einer Ecke jedes Quadrates werden die Schnittkanten von beiden Seiten zur Diagonale hin gefaltet. Die obere Hälfte des Papieres springt wie ein Blütenblatt auf. Bei weichem, biegsamem Papier ist ein Falten nicht notwendig. Jedes Blütenblatt wird nun mit seiner angefalteten Spitze an die Mitte des ausgeschnittenen Klebekreises geklebt (Pritt Alleskleber). Fädeln Sie danach die Perlen des Blütensterns auf. Etwa 1 cm von der Blütenmitte entfernt sollte in jedem Blatt eine Perle liegen. Wählen Sie kleine Perlen, dann kann auch zwischen den Blütenblättern eine Perle glitzern. Insgesamt brauchen Sie für einen Blütenstern 8–16 farblich passende Perlen. Zum Schluß verknoten Sie den Faden, an dem Sie Ihren Stern auch aufhängen können. Ein zweiter, gleich großer Stern kann noch auf die Rückseite geklebt werden.

1. An einer Ecke eines jeden Quadrats die Schnittkanten an die Diagonale legen

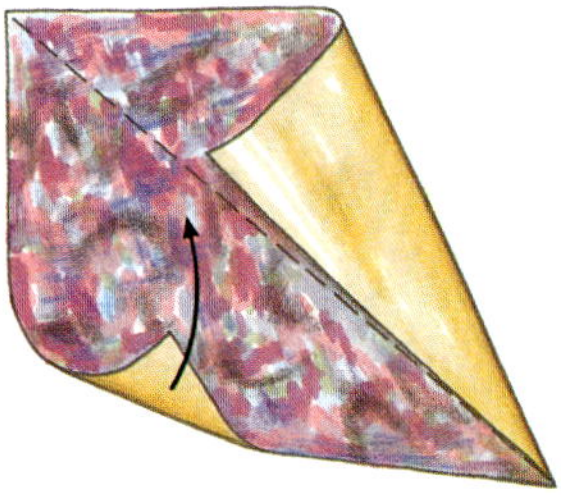

2. Nacheinander die gefalzten acht Quadrate ankleben und die Perlen auffädeln

Der Kamelienstern ist ein besonders ausdrucksvoller Blütenstern, den auch Ungeübte ganz einfach und mühelos anfertigen können

DAHLIEN-STERN

Den Dahlienstern können Sie aus zweiseitig farbigem Papier oder Folie in Kontrastfarben anfertigen. Die sechs dazu nötigen Teile pausen Sie auf ihr ausgesuchtes Material vom Vorlagebogen ab (Maßstab 1 : 2). Die Länge eines Einzelstücks entspricht dem Durchmesser des fertigen Sterns.
Jedes Rechteck wird in der Länge und in der Breite zunächst zur Hälfte zur Sichtseite hin gefaltet. Durch den entstandenen Kreuzpunkt werden in der Mitte zwischen beiden Faltkanten noch einmal Linien zur Sichtseite hin gefalzt. Die schon vorhandenen Knicke legen Sie dazu aufeinander. Nun fehlen weitere vier Knicke, die diesmal zur Unterseite hin gefalzt werden. Auch hier legen Sie die zwei schon vorhandenen Knicke wieder aufeinander und falten ihre Mitte durch. Die Unterteilung des Papiers ähnelt jetzt einer Sonne.
Fassen Sie mit beiden Händen die Längsknicke des Papiers, und drücken Sie dabei alle Falze in ihre vorgeknickte Lage. So wird die Farbe der Rückseite unten und oben in der Mitte sichtbar. Sind alle Blütenstrahlen so vorbereitet worden, kleben Sie sie an der breitesten Stelle mit den Bruchkanten aufeinander (Pritt Alleskleber), wobei die doppelt liegenden Schnittkanten im rechten Winkel an die zweite lange Falzkante des nächsten Blütenstrahls stoßen. Der Mitte des Blütensterns geben Sie auf beiden Seiten mit einem Perlenkranz Halt, der wie beim Kamelienstern (Seite 16/17) gefädelt wird. Insgesamt brauchen Sie 24 Perlen, je 12 Stück für einen Kranz. Knoten Sie den Faden zusammen – der Dahlienstern ist fertig!
Sehr interessant wirkt der Dahlienstern auch mit einem Kontrastrand an jedem Teil, besonders wenn Sie ihn als Christbaumspitze verwenden.

Tip: Je mehr Sie die Knicke zur Mitte hin zusammendrücken, desto stärker leuchtet seine kontrastierende Innenseite

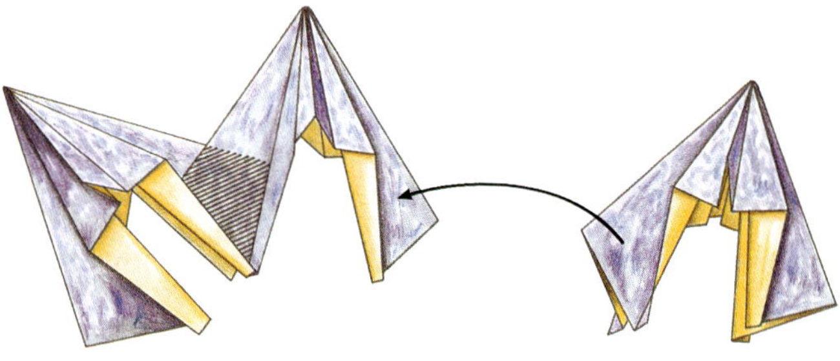

Die gefalzten Blütenstrahlen in ihre vorgeknickte Lage schieben und an der breitesten Stelle zusammenkleben

Der Dahlienstern ist nicht nur als Einzelstück, sondern auch im kleineren Format im Verbund ein äußerst dekorativer Blütenstern

CLEMATIS-STERN

Der Clematisstern kann sowohl aus Bändern, die in reicher Auswahl zum Kauf angeboten werden, wie auch aus sehr akkurat geschnittenen Papierstreifen angefertigt werden. Damit dieser Blütenstern in seiner plastischen Form auch von innen heraus schön leuchtet, empfiehlt es sich, die Rückseite des ausgewählten Materials mit möglichst glänzendem Papier oder Band zu bekleben. Auch ein schmaler Kontrastrand wirkt hier sehr festlich (siehe Seite 6/7).

Dieser Blütenstern besteht aus sechs einzelnen, gleich großen Streifen. Sie können jede beliebige Breite verwenden. Die Länge eines Streifens richtet sich im Verhältnis 1:4 nach der Breite des verwendeten Papiers oder Bandes. Der Gesamtdurchmesser des Blütensterns entspricht der Länge eines Streifens.

Jeder zugeschnittene Streifen wird in der Länge und in der Breite zunächst zur Hälfte gefaltet.

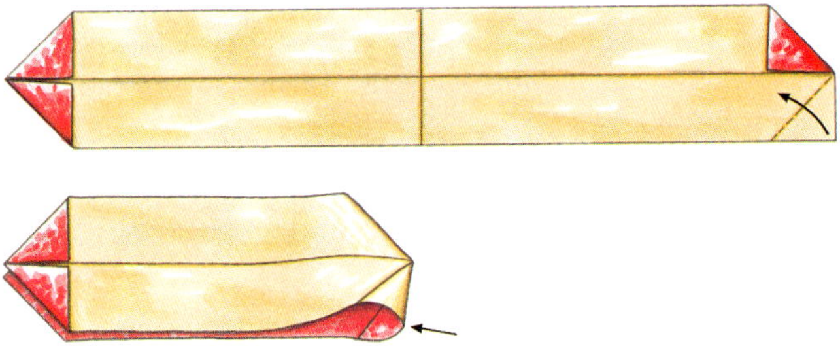

1. Streifen längs und quer zur Hälfte falten, Ecken an den Mittelbruch legen, dann den Quermittelbruch zur Spitze formen, Ecken umknicken und nach innen drücken

2. Sechs Streifen beidseitig an den Laschen aneinander kleben und die Perlen einfädeln

Danach werden alle Ecken an den Streifenenden zum Mittelbruch geknickt. Sie werden später zu Klebelaschen. Formen Sie nun den Quermittelbruch der aufeinanderliegenden Streifenhälften zur Spitze, indem Sie zuerst die Ecken zum Mittelknick falten und dann nach innen drücken. An ihren Klebelaschen werden die Enden der Streifen aneinandergefügt (Pritt Alleskleber). Die Ecken können dabei sowohl nach außen wie nach innen geklebt werden.
Jetzt bekommt der Blütenstern seinen Perlenkranz (siehe Seite 16/17): Haben Sie die Klebelaschen nach innen plaziert, dann fädeln Sie jeweils zwischen zwei Faltkanten eine Perle. Insgesamt benötigen Sie 12 Perlen, je 6 für den Perlenkranz einer Sternseite. Falls Sie die Klebelaschen nach außen plaziert haben, fädeln Sie jeweils zwischen eine Faltstelle und eine Lasche eine Perle. Insgesamt brauchen Sie 24 Perlen, je 12 Perlen für einen Kranz.

Tip: Wenn bei sehr festem Material die beiden Sternseiten zu weit voneinander abstehen, nähen Sie in die Mitte jeder Seite eine größere Perle mit einem stabilen Verbindungsfaden, der die Seiten hält

HIMMELSSTERNE

MORGENSTERN UND KOMET

Wählen Sie für den Morgenstern zweiseitig verschiedenfarbige Bastelfolie oder kleben Sie zwei farblich stark konstrastierende Papiere aufeinander. Schneiden Sie nach den Mustern des Vorlagebogens vier Kreise aus. Der Stern hat den doppelten Durchmesser des Kreises.
Vierteln Sie jeden Kreis durch Falten, und zerschneiden Sie ihn auf den Faltkanten. Falten Sie acht Viertel in der Mitte, und kleben Sie sie immer im Farbwechsel aufeinander: die erste Hälfte des zweiten stets auf die zweite Hälfte des vorangehenden Kreisviertels. Das letzte Viertel schließt nach dem Aufkleben (Pritt Alleskleber) seiner ersten Hälfte mit dem letzten losen Teil den Kreis auf dessen Rückseite. Er ist nun auf beiden Seiten durch einen regelmäßigen Farbwechsel geachtelt worden. Die verbliebenen acht Kreisviertel werden viermal in jeder Farbe nach außen zur Hälfte geknickt und jedem Kreisachtel in der Gegenfarbe am Rand wie ein Hütchen aufgesetzt.
Der Komet sieht auf seiner Rückseite wie ein Morgenstern aus, weil er ganz ähnlich gearbeitet wird. Er besteht aus acht zweiseitig farbigen Papierkreisen, die wie beim Morgenstern durch Falten geviertelt werden. Aus jedem Kreis wird ein Viertel herausgeschnitten, diese acht Teile werden zu einem Mosaikkreis wie eben geklebt.
Jeder der Dreiviertelkreise muß nun zusätzlich einzeln gefaltet werden. Faltweise: zwei nebeneinanderliegende Knicke werden aufeinandergelegt und in ihrer Mitte durchgefaltet. Zunächst wird jedes Teil, vier jeweils zu einer Farbseite, durch Falten in sechs Fächer unterteilt – ein Vollkreis wäre jetzt geachtelt. Danach müssen die mittleren vier Achtel noch einmal zur Gegenseite hin unterteilt werden. Die beiden äußeren Achtel bleiben glatt. Sie werden übereinander-

Dem Kreis acht Viertel wie Hütchen in der Gegenfarbe aufsetzen

Dem Kreis plastische Strahlen als Hütchen aufsetzen

Morgensterne und Kometen dürfen an einem Sternenhimmel einfach nicht fehlen

geschoben und mit etwas Klebstoff wiederum jedem Achtel am Rand des Kreises wie ein Hütchen aufgesetzt, mit der Gegenfarbe nach außen. Bei allen Spitzen muß die Faltung zur gleichen Oberseite liegen. Zwei dieser Sterne mit den plastischen Spitzen können mit den Rückseiten gegeneinander geklebt werden. Eine Kugel (siehe Seite 8/9) aus fünf Teilen kann die Mitte zieren.
Den Schweif, der flach zwischen zwei Sterne geklebt wird, schneiden Sie aus doppelseitig farbigem Papier nach dem Vorlagebogen. Durch Falten (immer zu einer Seite) wird der Schweif zunächst halbiert, dann geviertelt und geachtelt. Danach muß er jeweils in der Mitte zweier Knicke zur Gegenseite gefaltet werden.

SKORPION-STERN

Der Skorpionstern wird aus zwölf gleich großen, zweiseitig farbigen und etwa kegelförmigen Papierteilen durch Kleben in seine Form gebracht (Pritt Alleskleber). Er kann aus einer Farbe gestaltet werden, sich aber auch mit seiner Sichtseite von der Innenseite farblich absetzen. Das genaue Muster finden Sie auf dem Vorlagebogen. Die Grundmaße entsprechen dem Verhältnis 1:2, das rechteckige Ende ist halb so hoch wie breit. Nach diesen Angaben können Sie selbst andere Größen entwerfen. Die doppelte Länge eines Papierteils entspricht dem Durchmesser des fertigen Sterns.

Jedes ausgeschnittene Einzelteil wird zuerst von der Spitze her zur Hälfte durchgefaltet. Der Falz steht zur Rückseite, später zur Innenseite. Die Ecken des rechtwinkeligen Endes werden zur Mittellinie zu Klebeecken umgefaltet. Kleben Sie jeweils zwei so vorbereitete Teile mit ihren langen Bruchkanten aneinander. Die sechs entstandenen vierseitigen Spitzen kleben Sie mit den nach außen stehenden Klebedreiecken auf beiden Seiten zum Stern zusammen. Außerdem können Sie dem Skorpionstern ein neues Aussehen geben durch:

- schmale Kontrastränder an jedem Einzelteil
- Einkleben eines kleinen Sterns in die Vertiefungen der Strahlen
- eine Perlenmitte.

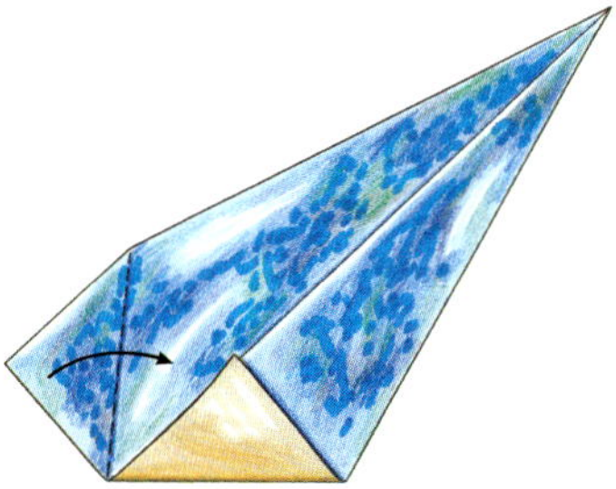

Zur Hälfte knicken und Ecken umfalten

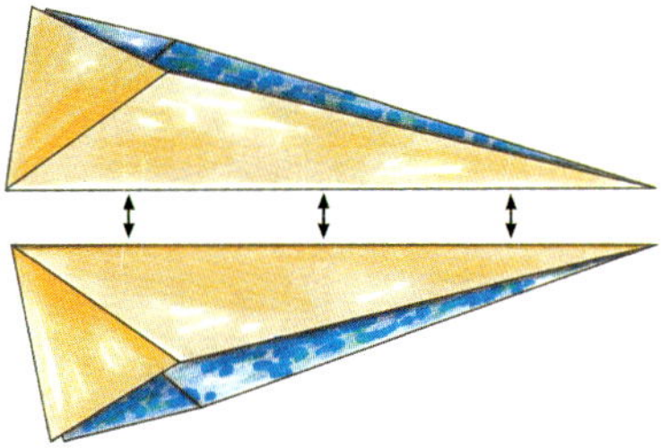

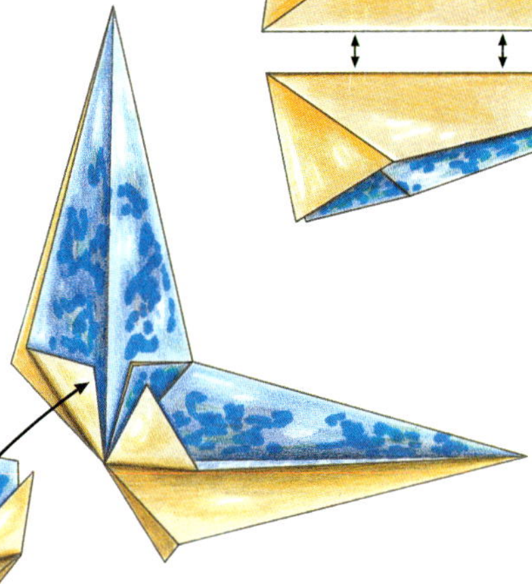

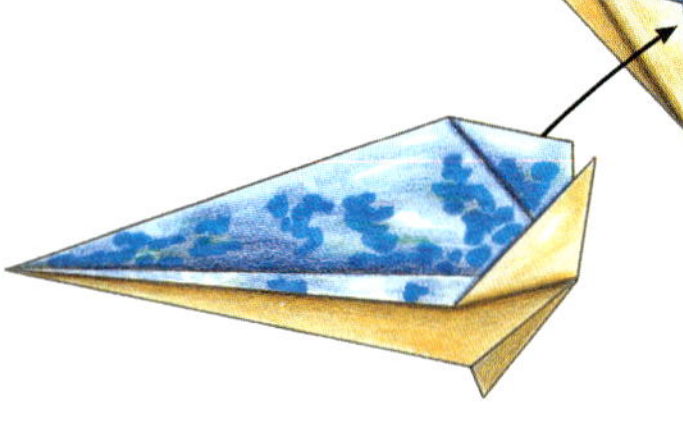

Zwei Teile an den Bruchkanten und Doppelteile an den Klebelaschen zusammenkleben

Sehr plastisch
wirkt auch dieser
Skorpionstern,
einer von vielen
Himmelskörpern
am Sternenhimmel

SIRIUSSTERN

Aus jedem Band, das sich knicken läßt, können Sie diesen wirkungsvoll gewundenen Stern gestalten.
Er besteht aus zwei gleichseitigen Dreiecken: Formen Sie zuerst mindestens zehn Zentimeter von der Schnittkante entfernt eine Spitze: Der Bruch des oberen Bandteils muß bündig auf der Kante des unteren liegen und der Bruch des unteren bündig unter der Kante des oberen Bandteils. Halten Sie diese Faltung durch eine Stecknadel oder eine Klammer fest. Schätzen Sie selbst nach der Breite Ihres Bandes die Größe des Sterns und damit die Entfernung zur zweiten Spitze ab. Formen Sie sie wie eben. Für die dritte Spitze müssen Sie jetzt sehr genau die gleiche Entfernung abmessen, die zwischen den beiden ersten liegt. So wird Ihr Dreieck gleichseitig. Danach arbeiten Sie in gleicher Größe und Bandbreite ein zweites Dreieck, das eine andere Farbe haben kann. Wenn alle Maße übereinstimmen, kleben Sie alle Spitzen unsichtbar fest (Pritt Alleskleber). Schließen Sie ein Dreieck: Schneiden Sie das Bandende so lang ab, daß es in die nächste Spitze geschoben werden kann, und verkleben Sie den Anfang mit dem Ende. Mit dem zweiten, noch offenen Dreieck winden Sie nun den Stern: Quer zu einer Spitze des ersten Dreiecks wird eine Seite des zweiten gelegt. Führen Sie die Seiten des zweiten einmal über und einmal unter den Seiten des ersten Dreiecks her. Sehen beide Oberflächen des entstandenen Sterns gleich aus, dann ist er fertig, und Sie können auch das zweite Dreieck wie eben durch Kleben schließen. Die Mitte läßt sich mit einem Skulpturstern, mit Perlen oder einem Ornament betonen.

Tip: Wenn sich die Ecken des Bandes nicht gut knicken lassen, können Sie sie eventuell auch glattbügeln

1. Ecken knicken und kleben

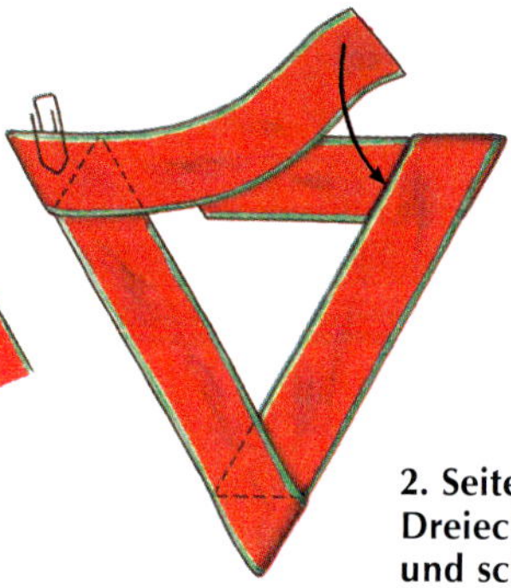

2. Seiten beider Dreiecke winden und schließen

3. Anfang und Ende miteinander verkleben

Der Siriusstern ist ein dekorativer Bänderstern, der sich ganz einfach nachwinden läßt. Probieren Sie doch aus, wie er gemacht wird

ORIONSTERN

Vielen älteren Bastlern ist der Orionstern als geflochtener Fröbelstern gewiß noch aus ihrer Kinderzeit in Erinnerung. Seine Herstellung jedoch ist den meisten nicht mehr bekannt. Darum soll diesem schönen Traditionsstern hier ein angemessener Platz eingeräumt werden. Ob aus weißem, goldenem oder silbernem Papier, Ramie- oder buntem Band gefertigt, das Material kann je nach Geschmack gewählt werden. Die einzelnen Arbeitsschritte und Zeichnungen finden Sie auf dem Vorlagebogen wieder.

Vier gleich lange und breite zweiseitig farbige Bänder (die Breite bestimmt die Länge im Verhältnis 1:30) werden zur Hälfte gefaltet und miteinander zu einem Viereck verflochten (Zeichnung 1). Die vier obenliegenden Bandenden werden in die entgegengesetzte Richtung geschlagen, das letzte wird unter dem ersten durchgezogen (Zeichnung 2). Jeder Streifen, der hinter einer Bandkante hervorschaut, wird zu einer Randzacke geformt: Er wird nach links geknickt (Zeichnung 3), zur Dachform gefaltet (Zeichnung 4), zur Zacke zusammengeklappt und unter der Bandkante bis zur Mitte des Geflechts durchgeschoben (Zeichnung 5). Die drei anderen Streifen und die vier Streifen auf der Rückseite werden ebenso gearbeitet (Zeichnung 6). Auf beiden Seiten ragen aus der Mitte vier Streifenenden, aus denen nun Zacken entstehen: Jeden Streifen im linken Bogen nach rechts herum und mit der Oberseite nach oben durch das Mittelgeflecht führen, unter dem danebenliegenden Streifen entlang, bis er aus der Randzacke hervorschaut (Zeichnung 7). Das Ende etwas herausziehen, bündig abschneiden und mit ein wenig Pritt Alleskleber betupfen, dann am Zacken vorsichtig zurückziehen und andrücken (Zeichnung 8).

Der traditionelle Flechtstern im neuen Gewand: aus Geschenkbändern in verschiedenen Breiten und Farben geflochten

GROSSER ADVENTS- UND WEIHNACHTS-STERN

Der große Advents- und Weihnachtsstern in Herrnhuter Tradition soll den Abschluß der in diesem Band gezeigten Sternenparade bilden.
Jeder kann nach eigenem Geschmack die Farbe seines Sterns aus Tonpapier bestimmen, aber gelbe Sterne leuchten erfahrungsgemäß am hellsten. Die Formen und Maße der Einzelteile finden Sie in mehreren Größen auf dem Vorlagebogen. Sie brauchen für einen Stern 8 dreiseitige und 17 vierseitige Strahlen. Beide Strahlenarten können die gleiche Länge haben, die dreiseitigen Zacken können jedoch auch kürzer sein. Alle angeschnittenen Befestigungslaschen werden beim Zusammensetzen des Sterns mit einem zusätzlichen Rahmen verstärkt. Sie brauchen dazu 8 dreieckige und 18 viereckige Rahmen sowie 50 Musterklammern. Der Weihnachtsstern im Kleinformat kommt ohne Rahmen aus, da er geklebt wird. Fertigen Sie von jedem Teil eine Schablone an. Zeichnen und schneiden Sie jedes Teil sehr genau nach. Die eingezeichneten Strahlenkanten sollten Sie mit einer stumpfen Spitze (zum Beispiel einer leeren Kugelschreibermine) vorprägen, damit die Papieroberfläche nicht beschädigt wird. So lassen sich die Kanten auch besser knicken. Streichen Sie mit dem Daumennagel jeden Knick gut nach, und kleben Sie Strahl für Strahl an seiner Klebefläche zusammen. Die Mitte jedes Laschenteils wie auch die der Rahmenseiten muß jeweils gleichzeitig gelocht werden. Wenn Ihnen dafür keine Lochzange zur Verfügung steht, können Sie auf einer dicken Pappunterlage auch mit einem Milchdosendorn arbeiten. Der Stern wird nach dem angegebenen Schema zusammengesetzt. Jede Musterklammer wird dabei durch jeweils zwei Laschen und zwei Rahmen von außen nach innen geführt. Auf der verbleibenden viereckigen Öffnung befestigen Sie mit zwei Musterklammern den letzten Rahmen. An zwei gegenüberliegenden Löchern können Sie ein Band oder einen Draht zum Aufhängen anbringen. Hängen Sie eine Fassung mit einer nicht zu starken Birne in die Mitte des Sterns.

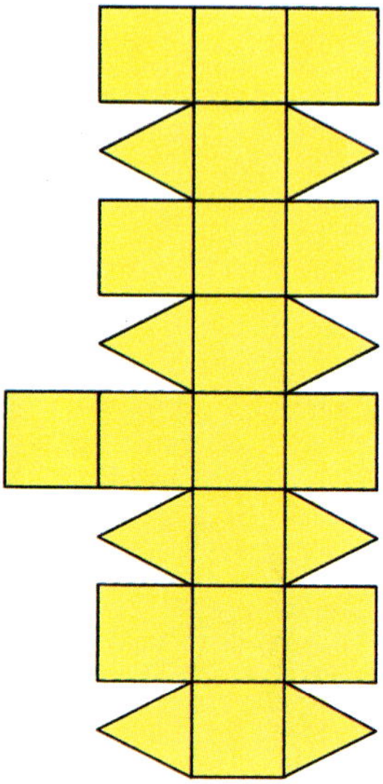

Schema zum Zusammensetzen

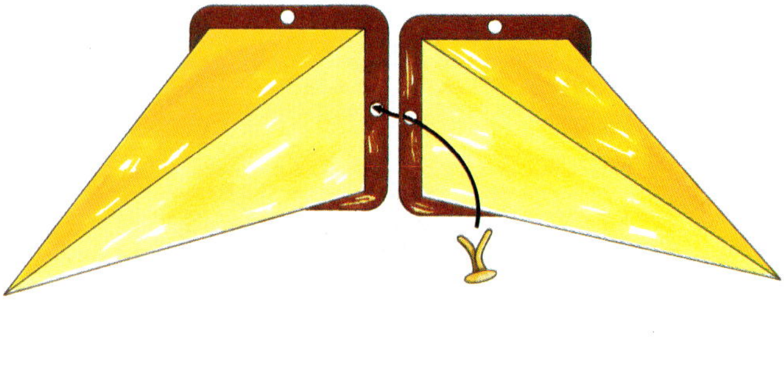

Die Sternzacken mit Musterklammern durch die Laschen und die Rahmen von außen nach innen verbinden

Die Sternöffnung kann mit einem zusätzlichen Strahl geschlossen oder aber auch zur Halterung der Christbaumspitze genutzt werden